Rose
Blossoms

Trafford PUBLISHING® www.trafford.com
North America & international
toll-free: 1 888 232 4444 (USA & Canada)
fax: 812 355 4082

Rose
Blossoms

Jack Griner

First Thing In The Morn

Flowers in the garden come awake in early morn
Peddles of those blooms seem to yawn then look around
Their beauty is apparent look the sun sparkles the due
Different flowers smile at each other as they welcome
another day that is new
Now a slight breeze makes the steams sway to and fro
All the flowers thumbs their noses at the weeds
But saying "Oh well let them grow!"

Las flores en el jardín se despiertan a primera hora de la mañana

Las pancartas de esas flores parecen bostezar y luego mirar a su alrededor

Su belleza es apariencia aparente el sol brilla el debido

Diferentes flores sonríen la una a la otra como bienvenida otro día que es nuevo

Ahora una leve brisa hace que los vapores se balanceen de un lado a otro

Todas las flores mueven sus narices por las malas hierbas

Pero diciendo "¡Oh, déjalos crecer!"

Sweetness

People seem to overlook what is always welcomed its sweetness

Now you find others hesitate to roll over the person displaying it

You can't say it's a cure for someone hard boiled but there may be

A slight softening in the long run

Showing sweetness is almost like carrying a load

But the weight of it will always prevail

Kindness and a smile make for a happier life

When you try it you will find it works in wonders

La gente parece pasar por alto lo que siempre es bienvenido su dulzura

Ahora usted encuentra que otros dudan en voltearse
sobre la persona que lo muestra

No se puede decir que es una cura para alguien duro pero puede haber

Un ligero ablandamiento en el largo plazo

Mostrar dulzura es como llevar una carga

Pero su peso siempre prevalecerá

La amabilidad y una sonrisa hacen una vida más feliz

Cuando lo pruebes, encontrarás que funciona en maravillas

Sandy Toes

Nice to wade along the ocean feeling the sand between your toes
Waiting for the next waive knowing where the climbing
Wetness goes
Coolness is erasing the heat because the water is doing
Its job now get ready for the next big wave then got to run
Always like the beach cause it's so much fun
Can't be distracted by that sunbathing mob
Some of those ladies look bad like a slob
Oh be sure to be prepared for Dad about my getting
Sand in the car

Agradable vadear a lo largo del océano sintiendo
la arena entre los dedos de los pies

Esperando la próxima renuncia, saber dónde está la escalada

La humedad va

La frialdad está borrando el calor porque el agua está haciendo

Su trabajo ahora se prepara para la próxima gran ola y luego se puso en marcha

Siempre me gusta la playa porque es muy divertido

No puede ser distraído por esa multitud que toma el sol

Algunas de esas señoras se ven mal como un desastre

Oh, asegúrate de estar preparado para papá sobre mi obtención

Arena en el coche

Chase Them

Mosquitoes are a bothersome thing
Those fly around and sting
They carry around a needle that
Gets your blood and leaves an
Itchy ring
Now they breed in setting water
So produce quite a few
I try to slap them but am glad
they go over and get you

Los mosquitos son una cosa molesta

Esos vuelan y pican

Ellos llevan una aguja que

Obtiene su sangre y deja un

Anillo con comezón

Ahora se reproducen en el establecimiento de agua

Así que produzca bastantes

Intento abofetearlos pero estoy contento

Ellos van a por ti

In Iowa

Corn stocks tower well above me
Furrows that had been plowed
Made easy walking except for
Long leaves hitting you in the face
On each stock were ears of corn
Covered tightly and showing silk
On the end
Don't know why confusion came
Along
After walking now which way was out
There was a slight panic cropped up
Suddenly came to the end of the field
You wonder why there was a big relief

Las existencias de maíz se elevan por encima de mí
Surcos que habían sido arados
Hecho fácil caminar a excepción de
Largas hojas que te golpean en la cara
En cada acción eran mazorcas de maíz
Cubierto con fuerza y mostrando seda
Al final
No sé por qué vino la confusión
A lo largo
Después de caminar ahora, ¿hacia dónde?
Se produjo un ligero pánico
De repente llegó al final del campo
Te preguntas por qué hubo un gran alivio

To Much Wine

As the world goes round sure hope it doesn't stop
There is so much I have to do in the time that I've got
Been fooling around and having a good time
At that time thought everything was just fine
Then found out I was wrong well because of to much wine
Well I pulled in my horns then went the right way
Now glad that old world gave me another day
The moral of this story is and it isn't new
Stay on the straight and narrow whatever you do

Mientras el mundo gira, seguro que no se detiene

Hay tanto que tengo que hacer en el tiempo que tengo

He estado bromeando y divirtiéndome

En ese momento pensé que todo estaba bien

Entonces descubrí que estaba equivocado, debido a mucho vino

Bueno, tiré de mis cuernos y luego fui por el camino correcto

Ahora me alegro de que el viejo mundo me dio otro día

La moraleja de esta historia es y no es nueva

Mantente en línea recta y estrecha sea lo que sea que hagas

So They Aren't Real

A humming bird flew in the open garage door
I sat there watching wondering if he
Thought he was outdoors
What a surprise when he stopped two feet from
my face yet still flying
Looked me in the eye must be checking me out
Then flew over to some artificial flowers
I was throwing out
Pecked only to find they were not real
With a discussed look flew past me
Flicked his tail and flew out the door

Un colibrí voló en la puerta abierta del garaje

Me senté allí y me pregunté si él

Pensé que estaba afuera

Qué sorpresa cuando se detuvo a dos pies de
distancia mi cara todavía está volando

Me miró a los ojos debe estar revisándome

Luego voló a algunas flores artificiales

Estaba tirando

Picoteado solo para descubrir que no eran reales

Con una mirada discutida voló más allá de mí

Sacudió su cola y voló por la puerta

Popcorn

Those little cornels the size of your little finger nail
Or a bit smaller
Likes to surprise you when it's time for them
to get hot
They pop out into white fluff we call popcorn
With some butter and salt the taste is delightful
Youngsters go crazy for it why they can't watch a
Movie without it
Another thing is Mom won't get fat eating loads of the scuff
Well if she can get it away from the kids

Esos pequeños cornetas del tamaño de tu dedo pequeño

O un poco más pequeño

Le gusta sorprenderte cuando es hora de que ellos ponerse caliente

Saltan a la pelusa blanca que llamamos palomitas de maíz

Con un poco de mantequilla y sal, el sabor es delicioso Los jóvenes
se vuelven locos por eso, ¿por qué no pueden ver un

Película sin él

Otra cosa es que mamá no se engorda comiendo mucho desgaste

Bueno, si ella puede alejarse de los niños

Cattle Country

Riding across the prairie my horse maintained his speed

Think he knew the purpose because there was a need

Someone had cut the fence wire and let our cattle out

Cattle didn't mind in fact they liked it and that's what

this is all about

Guess someone told them grass is always greener on

Other side

So now you know my reason for this speedy ride

Cabalgando a través de la pradera mi caballo mantuvo su velocidad

Creo que conocía el propósito porque había una necesidad

Alguien había cortado el alambre de la cerca y dejado salir a nuestro ganado

Al ganado no le importaba, de hecho, les gustaba y eso es lo que

esto es todo sobre

Supongo que alguien les dijo que el césped siempre es más verde en

Otro lado

Entonces ahora sabes mi razón para este paseo rápido

Dog Tag

A dog tag is a little metal tag you ware around our neck
With a small chain that won't get into your paycheck
The reason for this is just ID as well as tilling of your blood type
Your name is what everyone has to find so they pull it out to read
Now you can go out and have an accident but now they
Will know who the heck you are
Everyone should have one then if you forget who you are
At least every one else knows but you know they don't cost much
and Just think now we know who you are

Una etiqueta de perro es una pequeña etiqueta de metal
que te queda alrededor de nuestro cuello

Con una pequeña cadena que no entrará en tu cheque de pago

La razón para esto es solo ID, así como la labranza de su tipo de sangre

Tu nombre es lo que todos deben encontrar para sacarlo y leerlo

Ahora puedes salir y tener un accidente, pero ahora

Sabrá quién diablos eres

Todos deberían tener uno, entonces, si olvidas quién eres

Al menos todos los demás saben pero sabes que no cuestan
mucho y solo piensa que ahora sabemos quién eres

Emulated Wishes

Hearing poetic voices have been around for a long time
Those old masters put their stamp on thoughts in words
The same as poets of today
They are read repeated and will always be loved by all
Poets of today emulate and we are sure there are some
That has wiggled to be in the master's realm
So there will always be poetry and we will continue to
hear those emulated wishes in Poetic voices

Escuchar voces poéticas han existido por mucho tiempo

Esos viejos maestros ponen su sello en los pensamientos en palabras

Lo mismo que los poetas de hoy

Se leen repetidas y siempre serán amadas por todos

Los poetas de hoy emulan y estamos seguros de que hay algunos

Eso se ha movido para estar en el reino del maestro

Entonces siempre habrá poesía y continuaremos escuchar
esos deseos emulados en voces poéticas

Boulder Coming

A very large bolder slid down that
long embankment
Taking bushes and lots of dirt
Now leaving a path like below a miniskirt
It slid with a rumble warning those below
With an occasional bounce as it puts on a show
That journey will end when reaching level ground
But when it comes to rest there is no other sound
Money seems to go freely when you buy that food
In fact it puts you into an unpleasant mood
They tack on increases and do it several times
Keeping up with inflation so for them it's fine
Guess I'll have to quite eating so I'll get real thin
But can't do that because then they'll win

Un roca muy grande se deslizó hacia abajo que largo terraplén

Tomando arbustos y mucha tierra

Ahora dejando un camino como debajo de una minifalda

Se deslizó con un estruendo advirtiendo a los que están debajo

Con un rebote ocasional, ya que pone en un espectáculo

Ese viaje terminará cuando llegue al nivel del suelo

Pero cuando se trata de descansar, no hay otro sonido

El dinero parece ir libremente cuando compras esa comida

De hecho, te pone en un estado de ánimo desagradable

Vuelcan aumentando y lo hacen varias veces

Mantener la inflación así que para ellos está bien

Supongo que tendré que comer bastante así que voy a estar realmente delgado

Pero no puedo hacer eso porque entonces van a ganar

Red Lips

Red lips smiled across the room at me
It was not an invitation and not meant to be
Secretly I wished the lady had planed we meet
So it was my turn to go but on hesitant feet
Red lips smiled and said hello
Had to admit I was a little shy you know
Asked if I could buy her a drink
Out of the blue she asked me if I'd like a joint
That killed it for me and I hurriedly went my way
Darned if I'd even buy her a drink
Let those red lips smoke her old joint

Labios rojos sonrieron a través de la habitación hacia mí

No fue una invitación y no fue para ser

Secretamente, deseé que la dama hubiera planeado que nos encontráramos

Así que fue mi turno de ir, pero con los pies vacilantes

Labios rojos sonrieron y dijeron hola

Tuve que admitir que era un poco tímido, sabes

Preguntado si podría comprarle una bebida

De la nada, ella me preguntó si me gustaría una articulación

Eso me mató y rápidamente me fui por mi camino

Darned si incluso le compre un trago

Deja que esos labios rojos fumen su antigua articulación

That Cocky Blue Jay

Strutting around on my front lawn
Turned his head then smirked at me
"Why not see my color is blue"
Then he cocked his head as most birds do
Pecked in the grass he came up with a worm
It was wiggling like crazy but was held quite firm
Then that jay flicked his tail and off he flew
To feed his little ones and I'll bet you they were blue

Dando vueltas en mi césped delantero

Giró su cabeza y luego me sonrió

"Por qué no ver que mi color es azul"

Luego ladeó la cabeza como la mayoría de las aves

Picoteado en la hierba, se le ocurrió un gusano

Se movía como loco, pero se mantuvo bastante firme

Entonces ese arrendajo movió su cola y se fue volando

Para alimentar a sus pequeños y apuesto a que eran azules

Just Look Fast

When you want people to see your wrist watch
To show off just a little
So they can look but with only a fast peek
Then you must hide it
That Rolex and gold band with calamitor there
on the face Plus diamonds
You dissent let them see it says Rotex with what
Looks like gold and chips of glass to say nothing
of the fake calamitor and now hope like everything
the darn thing is working
Little do I want them to know it's just my $10 watch

Cuando quieres que la gente vea tu reloj de pulsera

Para presumir solo un poco

Para que puedan mirar pero con solo un rápido vistazo

Entonces debes esconderlo

Esa banda

Rolex y dorada con calamitor allí en la cara

Más diamantes

Usted disiente, déjelos verlo dice Rotex con qué

Parece oro y chips de vidrio para no decir nada del falso calamitor
y ahora espero que todo el maldito está funcionando

Poco quiero que sepan que es solo mi reloj de $10

Easy Sale

We know the paper boy get's up early
So we can read the news
Like the local paper and think that's what
most people choose
Can't stomach what they all call news like
Ad's "hurry and get your Marawana good
Price"
Isn't that great for young people to read
then they buy it
Think those that legalize the stuff should
Be shot

Sabemos que el chico del papel se levanta temprano
Para que podamos leer las noticias
Me gusta el periódico local y creo que eso es la mayoría de la gente elige
No puedo soportar lo que todos llaman noticias como
Anuncio es "apresúrate y consigue tu Marawana Bueno Precio"
No es genial que los jóvenes lean entonces lo compran
Piensa en aquellos que legalizan las cosas
Ser asesinado

International Women's Day

Heck I've had to put up with that for years

It started after we tied the knot

You see she then came to the conclusion

As to just what she got

Well then the little darling ruled the roost

Can't figure out why Trump came up with Women's Day

Maybe it is too early for him and she

just put her foot down

They do that you know but it's a pleasant

sound

Diablos, he tenido que aguantar eso durante años

Comenzó después de que hiciéramos el nudo

Ya ves que ella llegó a la conclusión

En cuanto a lo que obtuvo

Bueno, entonces el pequeño querido gobernó el gallinero

No puedo entender por qué se le ocurrió a Trump Dia de la mujer

Tal vez es demasiado temprano para él y ella solo ponte firme

Hacen lo que sabes, pero es un placer sonar

Bear Meat

A mountain man stopped bye
He came across the river on his cable car
Should you look down it's about a thousand feet
Rode across one time pulling on a rope to
reach the other side
Boy the darn thing jumps up and down
as you pull I'll never do it again
Anyhow he brought me some bear meat
He is an interesting but tough old guy
I gave him a cigar
My cabin is safe on a logging road
That takes you down to the river
For great trout fishing
Love my vacation as it goes on

Un hombre de la montaña se detuvo

Encontró el río en su teleférico

Si miras hacia abajo, es alrededor de mil pies

Rode una vez tirando de una cuerda para llegar al otro lado

Chico, la maldita cosa salta arriba y abajo a medida
que tiras nunca lo volveré a hacer

De todos modos, me trajo un poco de carne de oso

Él es un tipo viejo interesante pero duro Le di un cigarro

Mi cabaña está a salvo en una carretera maderera

Eso te lleva al río

Para una gran pesca de trucha

Amo mis vacaciones a medida que avanza

Salt Of The Earth

When you refer to an old salt

It refers to a sailor that has been

At sea quite a while

Should you say a new person on

the job his problem is he isn't

worth his salt

If you swim in the sultan sea

You won't sink

All this and after a time salt

becomes dead

So please be aware just give

Him a good funeral

Cuando te refieres a una sal vieja

Se refiere a un marinero que ha sido

En el mar bastante tiempo

Deberías decir una nueva persona en el trabajo de su
problema es que él no es vale la pena su sal

Si nadas en el mar sultán

No te hundirás

Todo esto y después de un tiempo sal se vuelve muerto

Así que ten en cuenta que solo da

Él un buen funeral

Big Hill

Racing down the hill me and my dog

He likes to ride with me

It sure is grate how fast that little red

Wagon can go

If he gets scared he doesn't seem

to show it

But he likes it when we finely reach

the bottom and stop in the dirt because

I think I hear him sigh

Corriendo cuesta abajo, mi perro y yo
Le gusta ir conmigo
Seguro que es tan rápido como ese pequeño rojo
Wagon puede ir
Si se asusta, no parece para mostrarlo
Pero a él le gusta cuando alcanzamos finamente el fondo y parar en la tierra porque
Creo que lo escucho suspirar

Twilight

It used to be a drag that time of morning
Livestock waiting to be fed and cows needing
To be milked
Rat catchers well two cats wanting the squirt
Of milk each look forward to
The day will be busy as it is on the farm
But It all starts at twilight for a worthwhile day

Solía ser un lastre ese momento de la mañana
Ganado esperando para ser alimentado y las vacas necesitadas
Para ser ordeñado
Atrapadores de ratas y dos gatos que quieren chorros
De leche, cada uno espera con ansias
El día estará ocupado, ya que está en la granja
Pero todo comienza en el crepúsculo por un día que vale la pena

Warm Day

Sitting on my porch of course in my easy chair
The sunlight was warm and I was contented sitting there
People walking by mostly said hello
Being a small town if they didn't you didn't care
Neighbors' dog just pooped on my lawn
Well got up went out picked it up went and dumped it
On his went back sat down then had to yawn

Sentado en mi porche, por supuesto, en mi sillón
La luz del sol era cálida y yo estaba contento sentado allí
La gente caminando en su mayoría dijo hola
Siendo un pueblo pequeño si no lo hicieran no te importó
El perro de los vecinos simplemente caca en mi césped
Bueno, me levanté, salí, lo recogí y lo dejé
En su regreso se sentó y luego tuvo que bostezar

Young Life

What a marvelous day here on the prairie
The cattle are lowing and chewing their cud
Standing by my horse as he switches his tail
Can't let flies spoil everything you know
There is some coyote that likes to hear himself sing out
It's the music of the prairie along with some
Longhorn liking to beller once in a while
For a cowboy he can't ask for a better life
But he waits for Saturday night to see his gal

Qué maravilloso día aquí en la pradera

El ganado está mordiendo y masticando

De pie junto a mi caballo mientras él cambia su cola

No puedo dejar que las moscas estropeen todo lo que sabes

Hay un coyote al que le gusta escucharse cantar

Es la música de la pradera junto con algunos

Longhorn le gusta a Beller de vez en cuando

Para un vaquero, no puede pedir una vida mejor

Pero él espera la noche del sábado para ver a su chica

Test The Water

Poetry has many avenues you struggle to grasp

Nice part is just swim with to flow

The current can be swift or even gently soft

Then again it may leave you up in some high loft

Poets have lots of gumption as to how he feels

Some leave you out in some left field

So pick up a paddle and test the waters

You may have to swim but you hadn't oughter

La poesía tiene muchas avenidas que luchas por comprender

Una buena parte es simplemente nadar con fluir

La corriente puede ser rápida o incluso suavemente suave

Por otra parte, puede dejarlo en un alto desván

Los poetas tienen mucha curiosidad sobre cómo se siente

Algunos te dejan afuera en algún campo izquierdo

Así que toma un remo y prueba las aguas

Puede que tengas que nadar, pero no hubieses tenido

That Little Bird

The Killdeer protects her nest looking like she has a broken wing
Staggering around but just out of reach
We all have traits like the Killdeer when the need arises
It's not hard seeing how nature comes across in all types
Of simple ways to solve a problem
Just think we are just like a little bird finding ways to protect our nest

El Killdeer protege su nido con aspecto de tener un ala rota

Tambaleándose, pero fuera de alcance

Todos tenemos rasgos como Killdeer cuando surge la necesidad

No es difícil ver cómo la naturaleza se encuentra en todos los tipos

De formas simples de resolver un problema

Solo piensa que somos como un pajarito que busca formas de proteger nuestro nido

Round One

I found some small holes in my front yard
And small mounds
It's only natural to be curious as to why
In any event I kept an eye on a hole
And sure enough a critter stuck his head up
Using his nose dirt from below was added
to the mound
This was the first time I ever saw a mole
He certainly was an industries little guy
Now how to chase him away

Encontré algunos pequeños agujeros en mi patio delantero

Y pequeños montículos

Es natural ser curioso sobre por qué

En cualquier caso, vigilaba un agujero

Y, por supuesto, un bicho asomó la cabeza

Usando su nariz suciedad desde abajo fue añadida al montículo

Esta fue la primera vez que vi un topo

Ciertamente era un tipo pequeño de la industria

Ahora, ¿cómo ahuyentarlo?

The Point Is

These poems I write are not always thought up in the dark
I think there just wanting to talk to you maybe wanting
To tell you what's on my mind
It isn't right I can't always get through to you but that
Certainly isn't your fault
I get off an the wrong end quite often then I blame it on age
How nice my daily thoughts keep my mind from getting
Out of whack
Try to keep up with an old buffer if you can we'll say then you
Are way ahead of the game

Estos poemas que escribo no siempre están pensados en la oscuridad

Creo que solo quiero hablar contigo tal vez queriendo

Para decirte lo que tengo en mente

No está bien, no siempre puedo comunicarme contigo, pero

Ciertamente no es tu culpa

Me salgo de un lado equivocado con bastante
frecuencia, entonces culpo a la edad

Qué bueno que mis pensamientos diarios impiden que mi mente consiga

Fuera de control

Trata de mantenerte al día con un viejo buffer si puedes, entonces te diremos

Están muy por delante del juego

Doesn't Have To Be Old

It's so nice to stop and look at all the things we are able to see

In a way it's sad we take so many things for granted

At the same time when you see what was a one room school house

Standing in disrepair don't you wonder?

What kids went through to get their educating

Getting there on a muddy farm road tending the fire in a pot

Bellied stove

Why I can remember using an outhouse when it's darn cold

Now don't tell me they were used to it that's not true

Stop and look around you would find things that had

Some interesting story's connected to them

You might be suppressed

Es muy agradable detenerse y mirar todas las cosas que podemos ver

En cierto modo, es triste que tomemos tantas cosas por sentado

Al mismo tiempo, cuando ves lo que era una escuela de una sola habitación

De pie en mal estado, ¿no te preguntas?

Lo que los niños atravesaron para obtener su educación

Llegar allí en un camino de tierra fangosa tendiendo el fuego en una olla

Estufa de pan

Por qué puedo recordar usar una letrina cuando hace mucho frío

Ahora no me digan que estaban acostumbrados a eso, eso no es verdad

Detente y mira a tu alrededor encontrarías cosas que tenían

Algunas historias interesantes relacionadas con ellas

Usted puede ser reprimido

A Bare Fact

The air smelled of many dead leaves

Laying below all the many tall trees

You had to wonder at the beauty of these

Your sight was blocked as you walked

without making a sound

I was nice walking on all the

those wet leaves

All of a sudden there stood a bear

We looked at each other should I run

I didn't dare

Mr. sure hope you aren't going my way

He heard me talking and cocked his head

Told him "I'm much to skinny for you to be fed"

After looking me over I think he agreed

Turned on his heal ad went his way

Dog gone it he didn't have to agree with me

But what else can I say

El aire olía a muchas hojas muertas

Por debajo de todos los árboles altos

Tienes que preguntarte por la belleza de estos

Tu vista estaba bloqueada mientras caminabas sin hacer un sonido

Era agradable caminar sobre todo esas hojas mojadas

De repente, apareció un oso

Nos miramos si corría

No me atreví

Sr. seguro que espero que no te vayas por el camino

Me escuchó hablar y ladeó la cabeza

Le dije "estoy muy delgado para que te alimenten"

Después de mirarme, creo que estuvo de acuerdo

Activado su anuncio de sanidad fue por su camino

Perdí el perro, no tenía que estar de acuerdo conmigo

Pero qué más puedo decir

A Little Mexican Boy

Raul was a little Mexican boy
Going into an alley then looking
For something to eat out of several
garbage cans
Mother was out again looking
For work so there was nothing to
eat at home
Several young toughs spotted
Raul not wanting him in their
Gang's territory
There for it's time to stomp
The heck out of him that way he
won't come back
As they approached Raul was
Prepared taking out too firecrackers
And Lit them
The toughs could have sworn it
was a gun and took off
Raul then put the lid on the
Garbage can went on his way
Eating a hard crust of bread

Raúl era un pequeño niño mexicano

Entrando en un callejón y luego mirando

Para comer algo de varios botes de basura

La madre estaba fuera de nuevo mirando

Por el trabajo, entonces no había nada para comer en casa

Varios jóvenes rudos manchados

Raúl no lo quiere en su

Territorio de la pandilla

Ahí es hora de pisar fuerte

El diablos de esa manera él no regresará

Cuando se acercaron a Raúl,

Preparado sacando también petardos

Y los encendió

Los rudos podrían haberlo jurado era un arma y despegó

Raúl luego puso la tapa sobre el

La basura puede seguir su camino

Comer una corteza dura de pan

Our Giver

Give the giver of the stars big thanks
Remember he gave one directing just
Where the Christ child was born
He knew what he was doing in pulling
Only one out of that entire bank
Those wise men grabbed their gifts
To follow his star
They were shepards and gladly
Didn't a hoot how far

Dale al dador de las estrellas un gran agradecimiento

Recuerde que dio una dirección solo

Donde nació el niño Jesús

Él sabía lo que estaba haciendo al tirar

Solo uno de ese banco completo

Esos sabios agarraron sus regalos

Para seguir a su estrella

Eran shepards y con mucho gusto

No fue un pitido cuán lejos

Your Friend The Stomach---

If you are like me you worry about your stomach

It can be flat or predominate you see

But it goes behind that because it's the

working it does

As you know when it's hungry it growls

When it's full it is satisfied

When it's to full it moans

Now when it can't digest it aces

Sometimes it gets mad and gets rid of

Stuff it doesn't like

At a drinking party to much it will gurgle

Then will lie down and sleep

One thing when you are scared to death

That stomach wants to climb up to your throat

So you see that old stomach never rests

So you know

There is an old saying "if you don't want to

Do it you just don't have the stomach for it"

Si eres como yo, te preocupas por tu estómago

Puede ser plano o predominar

Pero va detrás de eso porque es el

trabajando lo hace

Como sabes cuando está hambriento, gruñe

Cuando está lleno, está satisfecho

Cuando está lleno, gime

Ahora cuando no puede digerir aces

A veces se enoja y se deshace de

Cosas que no le gustan

En una fiesta de tragos, va a gorgotear

Luego se acostará y dormirá

Una cosa cuando tienes miedo a la muerte

Ese estómago quiere subir a tu garganta

Entonces ves que el viejo estómago nunca descansa

Entonces tú sabes

Hay un viejo dicho "si no quieres

Hazlo, simplemente no tienes estómago para eso"

The Heart Rest

It's a thought about full rest
Some days this quest will cease
That old heart will give up I guess
Maybe at that calm I'll hear dead
leaves rustle then drop from
Naked branches that did toss
to and fro
Because now we can find that
wind won't be rude any more

Es un pensamiento sobre el descanso completo

Algunos días esta búsqueda cesará

Ese viejo corazón se rendirá, supongo

Tal vez en esa calma oiré muerto deja crujir y luego caer de

Ramas desnudas que lanzaron vaivén

Porque ahora podemos encontrar eso el viento ya no será grosero

Oct. & Nov.

The Indian summer sun isn't tired
It tries to whip away the mists
Perhaps driving them through
So many trellises
The change in the moon I do
Believe it's but a comma in
The sky
Just making a mad red flare
That is covering all those trees
I believe everything is waiting
For a countdown for midnight

El sol de verano indio no está cansado

Intenta alejar las brumas

Tal vez conducirlos a través de

Tantos enrejados

El cambio en la luna que hago

Creo que es solo una coma

El cielo

Solo haciendo una loca bengala roja

Eso está cubriendo todos esos árboles

Creo que todo está esperando

Para una cuenta regresiva para la medianoche

Pumpkin Pie Later

Corn shocks shocked across the field

Watching cluttered orange balls

being taken up

For pumpkin pie and of course

Some for jack-o-lanterns

See excited children cutting faces

then putting In the hollow a candle

We now wait for that dark night

We'll See shadows on the wall

I'm sure there are ghosts that

Dance to the sound of that

Little dog barking like crazy

at those Pumpkin lighted faces

Choques de maíz conmocionados en todo el campo

Ver bolas anaranjadas abarrotadas siendo aceptado

Para pastel de calabaza y por supuesto

Algunos para jack-o-lanterns

Ver niños emocionados cortando rostros luego poniendo In the hollow una vela

Ahora esperamos esa noche oscura

Veremos sombras en la pared

Estoy seguro de que hay fantasmas que

Baila al sonido de eso

Pequeño perro ladrando como loco en esas caras iluminadas de Calabaza

Morning Paper

When you open the paper what do you find?
Remember when that rag only cost a dime
Advertisements separate the news and then some
You know only bad news is what will then come
Would you believe even the funny's no longer
cause you to laugh
Politicians talk in print but you believe what
they say but not even half
It all boils' down to a simple fact
I tried sending that old paper back
they were so nice and said
"We have your money so that's it Jack"

Cuando abres el periódico, ¿qué encuentras?

Recuerda cuando ese trapo solo cuesta un centavo

Los anuncios separan las noticias y luego algunos

Sabes que solo las malas noticias son las que vendrán

¿Creerías que incluso los divertidos ya no haz que te rías

Los políticos hablan en papel pero tú crees que dicen pero ni la mitad

Todo se reduce a un simple hecho

Traté de devolver ese papel viejo fueron tan amables y dijeron

"Tenemos tu dinero así que eso es todo Jack"

That Old Barn

That old barn didn't have any paint
Some shingles on the roof were coming loose
How sad the hay door was swaying in the breeze
Pigeons waiting for that door to swing open so they
Could go in they surly had a nest in the hey mow
There was a very faint sign painted years ago
As far as you could tell it had advertised
"Great, then something, fine cigars"
It would be easy to visualize how that barn
Would look in its heyday
Just looking at it now a person has to admire
Seeing how it has aged yet you still admire
It's even picturesque as of today

Ese viejo granero no tenía pintura

Algunas tejas en el techo se soltaron

Qué triste la puerta del heno se balanceaba en la brisa

Palomas esperando que esa puerta se abra para que

Podrían entrar que tenían un nido hosco en el hey segar

Hubo un letrero muy débil pintado hace años

Por lo que usted podría decir que había anunciado

"Genial, luego algo, cigarros finos"

Sería fácil visualizar cómo ese granero

Se vería en su apogeo

Solo mirándolo ahora, una persona tiene que admirar

Al ver cómo ha envejecido, todavía admiras Incluso es pintoresco a partir de hoy

House Plant

Women usually have a house plant or two
To my surprise one was given to me but I'm
Not sure just what I can do
Never had one in fact don't know what the heck
Kind it is
Not much to it with a tall straight stem then small
leaves about every two inches on that stem
Can't say it's pretty fact it's kind of ugly but
to me it's unusual
Now I'm not a hordaculcherer{SP} so guess
I'll just water the darn thing

Las mujeres generalmente tienen una planta de casa o dos

Para mi sorpresa, me dieron uno pero estoy

No estoy seguro de lo que puedo hacer

Nunca he tenido uno, de hecho, no sé qué diablos

Bueno, es

No tiene mucho con un tallo recto alto y luego pequeño deja
aproximadamente cada dos pulgadas en ese tallo

No puedo decir que sea lindo, es algo feo, pero para mí es inusual

Ahora no soy un hordaculcherer {SP} así que adivino

Voy a regar el maldito cosa

Little Round Cloud

There is a very small cloud that must think it is a sports enthusiast

It is separate from the other clouds the size and round like a basketball

It seems to be independent not wanting any help at all

Didn't see it bounce up and down but could tell it just wanted

to do its thing

Probably looked around but couldn't find any basketball ring

Wouldn't you know other clouds wanted to get in the act?

Darn if they didn't swallow up that basketball cloud and

You know something that's a sad fact we can't bring back

Hay una nube muy pequeña que debe pensar que es un entusiasta de los deportes

Está separado de las otras nubes del tamaño y del
redondo como una pelota de baloncesto

Parece ser independiente y no necesita ayuda.

No lo vi rebotar arriba y abajo, pero podría decir que solo quería hacer esto

Probablemente miró a su alrededor, pero no pudo
encontrar ningún anillo de baloncesto

¿No sabías que otras nubes querían entrar en el acto?

Maldito si no se tragaron esa nube de baloncesto y

Sabes algo que es un hecho triste que no podemos traer de vuelta

That Floating Bubble

I blew up a bubble that went prancing all around

It started up high then slowly came down

It had different colors on it reflected in the light

A slight breeze lifted it and carried it just right

Then the darn thing burst as it hit against the wall

Wonder if that bubble was like me you see

"Well we just didn't like it at all"

Exploté una burbuja que saltaba por todas partes
Comenzó alto y luego bajó lentamente
Tenía diferentes colores reflejados en la luz
Una ligera brisa lo levantó y lo llevó justo
Entonces la maldita cosa estalló cuando golpeó contra la pared
Me pregunto si esa burbuja era como yo que ves
"Bueno, simplemente no nos gustó para nada"

Little Cat's Meow

The soft cat's meow brings a request for a need

Now It can't be neglected but the need requires speed

You hate the word demand because the need is

Far below

You have listened many times and you

learned so already know

There is a rubbing on your leg yes it wants' to convey

a mood

Been telling you It's that time of the morning so dog gone it

it's time for food

El maullido del gato suave trae una solicitud de una necesidad

Ahora no se puede descuidar, pero la necesidad requiere velocidad

Odias la palabra demanda porque la necesidad es

Muy por debajo

Has escuchado muchas veces y tú aprendido, así que ya sé

Hay un roce en la pierna que sí quiere 'transmitir un estado de ánimo

Te he estado diciendo que es la hora de la mañana,
por lo que se ha ido es hora de comer

Just Go Home

The wall will certainly cost a lot of money
There are a lot of people that don't think
it's funny
But it will sure keep a lot of people out
And let's face it that's what this whole
thing is all about
Another thing if they bring their kids
Keep them they will wait with their folks
So it's no skin off our nose
Only reason they did was it could help
Because those people try all kinds of things

El muro ciertamente costará mucho dinero

Hay mucha gente que no piensa

es gracioso

Pero seguro que mantendrá a mucha gente fuera

Y enfrentémoslo eso es lo que todo

la cosa se trata

Otra cosa si traen a sus hijos

Guárdelos ellos esperarán con su gente

Entonces no es piel de nuestra nariz

La única razón por la que lo hicieron fue que podría ayudar

Porque esas personas prueban todo tipo de cosas

Blowing Wind

The wind blows wherever it pleases
You hear its sound but you don't
Know where it comes from or for
that matter where it's going
You know that's pretty much like
how our life works
We hate the wind but except it
for what it is
So we struggle along occasionally
Blown sideways
We then fight like everything to
Get back on the right path
There may be a few bourses
but hope that wind doesn't
blow us off course any more

El viento sopla donde quiere

Oyes su sonido pero no lo haces

Sepa de dónde viene o para quién que importa hacia donde va

Sabes que es más o menos como cómo funciona nuestra vida

Odiamos el viento pero excepto por lo que es

Así que luchamos ocasionalmente

Soplado de lado

Entonces luchamos como todo para

Vuelve al camino correcto

Puede haber algunas bolsas pero espero que el viento no nos quitan el rumbo más

Your Echo

When you listen to an echo
You will find It's a friendly sound
Now it isn't very loud but if you want
it to will certainly stay around
Should your voice increase in richness
Or a horn that's pitched quite high
That echo will come back to you
With any sound that you supply

Cuando escuchas un eco

Encontrarás que es un sonido amigable

Ahora no es muy ruidoso, pero si quieres sin duda se mantendrá

Debería aumentar su voz en riqueza

O un cuerno que está muy alto

Ese eco regresará a ti

Con cualquier sonido que suministre

Ringing Of The Bells

On Sunday churches are calling their people

To came and pray

Now sending children to Sunday school

Learning there is a God

Maybe allowing boys afterward to the creek

With their fishing rod

Or the little girls,in their pretty dresses

Just wonder at their thought's is anyone's guesses

The ringing of the bells, just listen to that tone

It is bringing young and old to the knowledge

God is on his thrown

El domingo las iglesias llaman a su gente

Para venir y orar

Ahora enviando niños a la escuela dominical

Aprender allí es un Dios

Tal vez permitiendo a los niños después ir al arroyo

Con su caña de pescar

O las niñas, con sus bonitos vestidos

Sólo me pregunto en su pensamiento es adivina de nadie

El sonido de las campanas, solo escucha ese tono

Está trayendo jóvenes y viejos al conocimiento Dios está en su lugar

Think Young

Sometimes we worry about our age

Remember when the worry was about your wage

Stop worrying, especially if you have good health

I'm sure you know that is far better than wealth

IF you are like me you have aches and pains

So relax and exercise your brain

Just take inventory of what you've got

You may find you have one heck of a lot

A veces nos preocupamos por nuestra edad

Recuerde cuando la preocupación era sobre su salario

Deja de preocuparte, especialmente si tienes buena salud

Estoy seguro de que sabes que es mucho mejor que la riqueza

SI eres como yo, tienes dolores y dolores

Así que relaja y ejercita tu cerebro

Solo haga un inventario de lo que tiene

Puede encontrar que tiene mucho diablos

Food, Water And Paper

Saving food so when hard times come

But don't save those that spoil like some

There is on the market food that will last 25 yrs

That in itself will lesson your fears

Another item you may not think

Is water you'll want to drink

All is important so keep it in mind

Another is paper don't forget your behind

Ahorrando comida así cuando llegan los tiempos difíciles

Pero no guardes aquellos que se echan a perder como algunos

Hay en el mercado comida que durará 25 años

Eso en sí mismo alentará tus miedos

Otro artículo que quizás no pienses

Es agua que querrás beber

Todo es importante, así que tenlo en cuenta

Otro es el papel, no olvides tu trasero

Gentle Wave

If you listen to waves on a sandy beach

The water sneaks over the sand, as far as it can reach

That sound carries as it reaches our ears with a

Soothing effect dispelling any fears

Now sometimes in bad weather that wave will roar

With fighting it's way until it reaches the shore

That way that that gentle wave always reaches

For what seems an endless goal

Si escuchas las olas en una playa de arena

El agua se cuela sobre la arena, en la medida en que puede alcanzar

Ese sonido lleva a medida que llega a nuestros oídos con un

Efecto calmante disipando cualquier temor

Ahora, a veces, con mal tiempo, esa ola rugirá

Con luchar hasta que llega a la orilla

De esa manera esa suave ola siempre llega

Por lo que parece un objetivo sin fin

Life's Road

As we travel life's road

There are many bumps

But we dissent turn back

There are times when progress

Seems to go quite slow

Yet don't make it go to fast

We feel our way going around

A curve

Then hopping we reach our goal

Those wheels of progress don't

Always go straight you avoid

Those few large holes

You will find your road slips by quite fast

But look how far you've come

The important thing are the hurdles

You have surmounted. Cherish them

Because you will want those happenings to last

Mientras viajamos por el camino de la vida

Hay muchos baches

Pero nosotros disentimos volvemos

Hay momentos en que el progreso

Parece ir bastante lento

Sin embargo, no hagas que vaya rápido

Sentimos que estamos dando vueltas

Una curva

Luego saltando alcanzamos nuestro objetivo

Esas ruedas del progreso no

Siempre ve recto, evita

Esos pocos agujeros grandes

Encontrará sus hojas de ruta bastante rápido

Pero mira qué tan lejos has llegado

Lo importante son los obstáculos

Usted ha superado. Apreciarlos

Porque querrás que esos acontecimientos duren

Homeless

I don't care if the sun hides behind a cloud

I don't care if airplanes make noise that are loud

I don't care they kicked me out,rent not paid

I'm happy here on the sidewalk down town

Just laying in the shade

Policeman call me homeless, guess it's true

Got a lot of partners, yeah we're quite a few

Why folks call us winos don't understand

Be a much better feeling if people would give

Us a hand

What we want them to do if people give us

Food, a job, and a comfortable bed then maybe

Just maybe we might be able to get ahead

No me importa si el sol se esconde detrás de una nube
No me importa si los aviones hacen ruido que son ruidosos
No me importa que me echen, alquiler no pagado
Estoy feliz aquí en la acera de la ciudad
Solo a la sombra
El policía me llama sin hogar, supongo que es verdad
Tengo muchos socios, sí, somos bastantes
Por qué la gente nos llama winos no entiende
Sé una sensación mucho mejor si las personas dan
Nosotros una mano
Lo que queremos que hagan si las personas nos dan
Comida, trabajo y una cama cómoda, entonces tal vez
Tal vez podamos ser capaces de salir adelante

The Little Lark

When you hear the last singing of the lark
It is telling you it will soon be dark
So prepare to go to your nest for the night
There is a hope you will have pleasant dreams
Because work has tired you out it seems
But you can hear me again in the morning light

Cuando escuches el último canto de la alondra

Te está diciendo que pronto será oscuro

Así que prepárate para ir a tu nido por la noche

Hay una esperanza de que tengas sueños agradables

Porque el trabajo te ha cansado parece

Pero puedes oírme nuevamente a la luz de la mañana

Young Lives Go By

When you are young you have either beauty or you are cute

Hair is silky and your skin is like velvet to say nothing about your actions

So you go along taking the world full blast because you know it all

Time goes by but it means nothing but what old people talk about

Joy mixed in with puppy love yet just bypass any problems that crop up

Well slowly there seems to be a change in life teeth need filling hair

gets split ends fat accumulates plus health problems crock up

Don't know why but you have to learn and you now take advice

That advice comes from older people whereas you didn't listen

Before they didn't know what they were talking about

It makes since they got smart all of a sudden

The nice thing is I discovered those old people

Have a lot of beauty in their lives

Cuando eres joven, tienes belleza o eres lindo

El cabello es sedoso y tu piel es como terciopelo
para no decir nada sobre tus acciones

Así que sigues tomando el mundo a tope porque lo sabes todo

El tiempo pasa, pero no significa nada más que lo que los ancianos hablan

La alegría se mezcla con el amor de los cachorros y, sin
embargo, evita cualquier problema que surja

Bueno, lentamente, parece haber un cambio en la vida

Los dientes necesitan relleno de cabello se divide las puntas de
grasa se acumula más los problemas de salud se acumulan

No sé por qué pero tienes que aprender y ahora tomas consejos

Ese consejo proviene de personas mayores mientras que no escuchaste

Antes no sabían de qué estaban hablando

Lo hace desde que se pusieron inteligentes de repente

Lo bueno es que descubrí esas personas mayores

Ten mucha belleza en sus vidas

Just A Little Cloud

There is a shadow on the rock

Appearing as it blocks the sun

Quit small as far as clouds go

But proud that it is seen

It isn't white the sun would

Shine throw

But being gray is making a

Slightly moving shadow

It's fun when you can block

the sun even if it is for just

A mite

Hay una sombra en la roca

Apareciendo mientras bloquea el sol

Salir pequeño en cuanto a las nubes

Pero orgulloso de que se vea

No es blanco el sol

Brillo de tiro

Pero ser gris es hacer una

Sombra ligeramente móvil

Es divertido cuando puedes bloquear el sol, incluso si es solo por

Un ácaro

Broken Tile

There is a broken tile on my driveways
It is such a little thing but wondered if
those people that rent across the street
Have a habit of turning around at that point
Well being a good neighbor I didn't say anything
Several weeks went by all of a sudden three
more tiles broke
Good neighbors or not it was too much
Told him about my drive way and the tile
He said his wife had a very light weighed car
It wasn't her fault it's very old tile that breaks
with age
That made me mad so I'm not a good neighbor
any more
A plastic strip with nails got two of her tires
there on my driveway poor dear

Hay un mosaico roto en mis entradas

Es una pequeña cosa pero se preguntó si las personas que alquilan en la calle

Tener el hábito de dar la vuelta en ese punto

Siendo un buen vecino, no dije nada

Varias semanas pasaron de repente tres más fichas se rompieron

Buenos vecinos o no, era demasiado

Le dije sobre mi camino de manejo y el azulejo

Dijo que su esposa tenía un auto pesado muy liviano

No fue su culpa, es una baldosa muy vieja que se rompe con edad

Eso me hizo enojar así que no soy un buen vecino nunca más

Una tira de plástico con clavos obtuvo dos de sus

llantas allí en mi camino pobre querido

4th of July

We welcome this day without a bang

Cheer our anthem standing as we sang

People try to change things we love

We had better start thanking that

One above

Remember all the things that he has done

Instead of some erasing him like some

We pray and thank God for this day

Because holding him close is the only way

Damos la bienvenida a este día sin una explosión

Anima nuestro himno de pie mientras cantamos

La gente trata de cambiar las cosas que amamos

Mejor empecemos agradeciendo eso

Uno arriba

Recuerde todas las cosas que ha hecho

En lugar de borrarlo como algunos

Oramos y agradecemos a Dios por este día

Porque mantenerlo cerca es la única manera

I'll Learn

Man we sure live in circles and take all the bumps

Then cringe when we feel all that love that we dump

Gal's are out there plenty and it's kind of hard to pick

The hard part is to learn how to grab a hold and stick

Let's face it you see so many good ones you grab one to try

Only to find that one is not good but by that time

the real good one has said goodbye

The big problem is they all want a marriage ring

To tie you up and that kind of thing

Have to be careful because I don't want it that way

Missing all my buddies they are getting hog tied

what more can I say

Hombre seguro que vivimos en círculos y tomamos todos los baches

Entonces se encoge cuando sentimos todo ese amor que arrojamos

Los Gal están afuera y es difícil elegir

La parte difícil es aprender a agarrar y aferrar

Enfrentémoslo, ves tantos buenos que tomas uno para probar

Solo para encontrar que uno no es bueno, pero para ese
momento el verdadero bien se ha despedido

El gran problema es que todos quieren un anillo de matrimonio

Para atarlo y ese tipo de cosas

Tengo que tener cuidado porque no lo quiero así

Perdiendo a todos mis amigos, están siendo atados
por el cerdo que mas puedo decir

Stomping Music

My Banjo is small but boy can it sing

With a swig of corn licker it sure makes

For A good thing

My mommy done told me to be a good boy

So here at the barn dance is a thing of joy

This shit stomping music is filling the barn

Watching Betty Jo's bloomers as she twirls ain't causing no harm

Will take her home by golly whenever we're done

With a few more drinks I'm thinking we'll have some fun

Now don't want Momma to give me any lip

Cause taking her home the long way is a mighty long trip

Mi banjo es pequeño, pero chico, ¿puede cantar?

Con un trago de maíz, seguro que hace

Por algo bueno

Mi mamá me dijo que fuera un buen chico

Así que aquí en el baile de granero es una cosa de alegría

Esta música de mierda está llenando el granero

Ver los bombachos de Betty Jo mientras gira no está causando ningún daño

La llevaremos a casa de todas maneras cuando hayamos terminado

Con unas cuantas bebidas más, creo que nos divertiremos un poco

Ahora no quiero que mamá me dé ningún labio

Porque llevársela a casa por el camino más largo es un viaje largo y poderoso

How Much

Advertising certainly can get carried away
From fat pills to mussel building plus food
That you absolutely need and is so filling
When you stop to consider the money for
all this they must be rolling in it
I believe the topper is an add telling me
It's a must for you to drink"Brilliant Juice"
Then if you buy it, then it tells how smart
You are or for goodness sake just think
you will be brilliant

La publicidad ciertamente puede dejarse llevar

Desde pastillas para grasa hasta la construcción de mejillones más comida

Eso absolutamente lo necesitas y es muy satisfactorio

Cuando te paras a considerar el dinero para

todo esto deben estar rodando en él

Creo que el topper es un complemento diciéndome

Es imprescindible que bebas "Jugo brillante"

Entonces, si lo compras, te dice qué tan inteligente

Usted es o por el amor de Dios solo piense

serás brillante

Just A Little Cloud

There is a shadow on the rock

Appearing as it blocks the sun

Quit small as far as clouds go

But proud that it is seen

It isn't white the sun would

Shine throw

But being gray is making a

Slightly moving shadow

It's fun when you can block

the sun even if it is for just

A mite

Hay una sombra en la roca

Apareciendo mientras bloquea el sol

Salir pequeño en cuanto a las nubes

Pero orgulloso de que se vea

No es blanco el sol

Brillo de tiro

Pero ser gris es hacer una

Sombra ligeramente móvil

Es divertido cuando puedes bloquear

el sol, incluso si es solo por

Un ácaro

Show Me The Way Lord

Show me the way Lord as you hear my song
Show me the way Lord when I do wrong
I know you forgive that is if I ask
Even should I stumble like I've done in the past
Lord it's so easy to forget all that you have done
But those knowing only you we know they have won
Our lives are in your hands Lord as you show us the way
Singing your praises as we venture each day
We know life is short but feel good knowing you
And we daily want to thank you for all that you do

Muéstrame la forma en que Señor escuchas mi canción

Muéstrame el camino Señor cuando hago mal

Sé que perdonas eso si pregunto Incluso debería tropezar como lo hice en el pasado

Señor, es tan fácil olvidar todo lo que has hecho

Pero aquellos que solo te conocen sabemos que han ganado

Nuestras vidas están en tus manos Señor, ya que nos muestras el camino

Cantando tus alabanzas a medida que nos aventuramos cada día

Sabemos que la vida es corta pero te sientes bien conociéndote

Y a diario queremos agradecerle por todo lo que hace

Old To New

Have you ever noticed an old couple?
They may be walking a little slower than you
But then you see them in a better light
Oh they have white hair and look at all
those wrinkles
We then realize they are the ones that
shaped this land for what it is
Sure they had problems but they faced
them head on
You know we are like that old couple
There are a lot of problems to straighten
out in this old world
Like them they kept their shoulders back
Then formed a good land but remember
the human heart hasn't changer

¿Alguna vez has notado una pareja de ancianos?

Pueden caminar un poco más lento que tú

Pero luego los ves en una mejor luz

Oh, tienen pelo blanco y miran todo esas arrugas

Entonces nos damos cuenta de que son ellos los que
dio forma a esta tierra por lo que es

Claro que tenían problemas pero se enfrentaron ellos van de frente

Sabes que somos como esa pareja de ancianos

Hay muchos problemas para enderezar en este viejo mundo

Al igual que ellos mantuvieron sus hombros hacia atrás

Entonces formó una buena tierra, pero recuerda
el corazón humano no ha cambiado

Whooping Cranes

We are just going to have to do something those Whooping Cranes
First of all they gorge themselves on crawfish then are quite free in
Spattering poop all around
On top of that they love to show off with their wide pretty wing span
Now the point is they haven't been around much but that's no excuse
They are so glad to be back they are making a lot of whoopee
That's bothering old people you know when they see all that excitement
They are just too old to join in and President Trump won't help one bit
On the other hand I believe there may be a bit of envy involved you see
Those old people have a definite need of and have to take a laxative

Solo tendremos que hacer algo esas grullas blancas
Primero que nada se atiborran de cangrejos de río y luego son bastante libres en
Salpicar caca alrededor
Además de eso, les encanta presumir con su amplio ala de ala
Ahora el punto es que no han existido mucho pero eso no es excusa
Están tan contentos de estar de regreso que están haciendo mucho whoopee
Eso molesta a las personas mayores que conoces cuando ven toda esa emoción
Son demasiado viejos para unirse y el presidente Trump no ayudará ni un poco
Por otro lado, creo que puede haber un poco de envidia involucrada que ves
Esos ancianos tienen una necesidad definida y tienen que tomar un laxante

Song You're My Dream

There is a way to my heart because I want yours
Days crawl by but your picture fills my mind
Want you as my wife walking by my side never behind
Because of you my heart seem to be beautifully tied
Your smile sets me on fire in fact it makes me weak
Seeing your eyes your hair why even your rosy cheeks
You make a man's dream flash around like bright lights
In fact everything you do seems to me to be just right
My biggest fear is not waiting but having you as mine
But the days seem to crawl it's taking just to much time

Hay un camino hacia mi corazón porque quiero el tuyo

Los días pasan lentamente, pero tu imagen llena mi mente

Te quiero como mi esposa caminando a mi lado nunca detrás

Por tu culpa, mi corazón parece estar muy bien atado

Tu sonrisa me enciende, de hecho, me debilita

Al ver tus ojos tu cabello, ¿por qué hasta tus mejillas sonrosadas?

Haces que el sueño de un hombre destelle como luces brillantes

De hecho, todo lo que haces me parece correcto

Mi mayor temor no es esperar sino tenerte como el mío

Pero los días parecen rastrear, lleva mucho tiempo

Why Change

Why do we always do things that are dumb?

It always occurred to us that it was important

But so what dumb

At the moment it was normal even insane

But all at once

Well I imagine there are lots of dumb things

I'm doing now that I don't question

Probably we all are

Maybe one day we will look back and see them

But bet by then won't we be doing new dumb things?

¿Por qué siempre hacemos cosas que son tontas?

Siempre se nos ocurrió que era importante

Pero qué tonto

Por el momento era normal, incluso loco

Pero todo a la vez

Bueno, me imagino que hay muchas cosas tontas

Lo estoy haciendo ahora que no cuestiono

Probablemente todos somos

Tal vez algún día miraremos hacia atrás y los veamos

¿Pero apostar para entonces no estaremos haciendo nuevas cosas tontas?

Grass is Grass

You can't say grass is fragile
With strings straight enough
Insects do climb up and down
On them
The first inclination of discomfort
Is that of a husband having to mow it
But hear he found a solution
He now has artificial grass
So now there is no problem as he
takes off for his golf game

No se puede decir que la hierba sea frágil

Con cuerdas lo suficientemente recta

Los insectos suben y bajan En ellos

La primera inclinación de la incomodidad

Es el de un marido que tiene que cortarlo

Pero escucha que encontró una solución

Él ahora tiene césped artificial

Entonces ahora no hay problema ya que despega para su juego de golf

Come Sunday

When Sunday comes everything should
come to rest
Of course going to church you will find
is always best
God wants to check on all that you do
He has a check list and he isn't quite through
The family being together is always nice
Maybe a picnic in the park will always suffice
Finely getting home to see Wally at bat
He struck out so to heck with it you go take
your nap

Cuando llegue el domingo, todo debería

ven a descansar

Por supuesto, yendo a la iglesia, encontrarás

siempre es mejor

Dios quiere verificar todo lo que haces

Él tiene una lista de verificación y no ha terminado del todo

La familia estando juntos siempre es agradable

Tal vez un picnic en el parque siempre sea suficiente

Finely llegar a casa para ver a Wally al bate

Se ponchó así que diablos con eso vas a tomar

tu siesta

Why Me

Why is it we always hear strange noises in the dark of the night

For some reason it seems to grab us on the edge of fright

Now noise can be spasmodic but always aggravating

Like water dripping on metal or the wind causing a twig

scratching across the glass at the window

Then again a rat banging around in the pantry or grandma

Groaning because her arthritis is giving her fits

Each of these sounds are disrupting the heck out of you

when you are trying Like everything to go to sleep

¿Por qué es que siempre escuchamos ruidos extraños en la oscuridad de la noche?

Por alguna razón, parece agarrarnos al borde del miedo

Ahora el ruido puede ser espasmódico pero siempre agravante

Como el agua que gotea sobre el metal o el viento que causa una ramita

arañando el vidrio en la ventana

Entonces otra vez una rata golpeando en la despensa o abuela

Gimiendo porque su artritis le está dando ataques

Cada uno de estos sonidos te trastorna.

cuando estás intentando como todo para ir a dormer

They don't sing They Squall

My one pet Flaming Hamster riding a wheel in his cage
Has to be doing his morning exercise
Trying to be happy on this new day, at least giving it a try
In watching him you have to wonder about his life
To me it must be mighty dull
But to him it must be all he needs plus having his mate
Who is sleeping in her lull
Only have to feed them once a week but should I
Forget you never heard such noise to get my attention
Darn things are smarter than a person gives them credit for

Mi única mascota Flaming Hamster montando una rueda en su jaula

Tiene que estar haciendo su ejercicio matutino Intentando ser feliz
en este nuevo día, al menos dándole una oportunidad

Al mirarlo tienes que preguntarte sobre su vida

Para mí debe ser muy aburrido

Pero para él debe ser todo lo que necesita más tener a su compañero

¿Quién está durmiendo en su calma?

Solo tengo que alimentarlos una vez por semana, pero debería

Olvida que nunca escuchaste ese ruido para llamar mi atención

Las cosas son más inteligentes de lo que una persona les da crédito por

Watching

The sands of time are draining making a bridge that
holds the waste below
The flow seems to have a steady glut not bothered by time
But gathering bits that should have been absorbed now
gathering waste
AS life drains away with that flow it's like a fleeting though
That can never be had again watching that waste grow
And pile
We cannot stop the force but may slow the flow
Wanting life to last a little longer

Las arenas del tiempo están drenando haciendo un
puente que mantiene el desperdicio debajo

El flujo parece tener un exceso constante no molestado por el tiempo

Pero recogiendo pedazos que deberían haber sido
absorbidos ahora reuniendo basura

A medida que la vida se desvanece con ese flujo, es como un fugaz aunque

Eso nunca se puede volver a ver viendo crecer ese desperdicio

Y pila

No podemos detener la fuerza pero puede ralentizar el flujo

Querer que la vida dure un poco más

Not Yet

When I am dead young friend
Don't let them sing sad songs for me
Or can't have the smell of roses at my head
Heck I don't want you to think even about planting some tree
Now I know there will be green grass above me
Plus suppose showers and due that gets everything wet
Another thing guess there are a bunch of things about me
That you can't help but remember
But just between you and me
I'd just as soon about them you'd forget
This isn't much to ask and just wanted you to no
But don't take too much for granted because
Dog gone it I'm not dead yet

Cuando estoy muerto joven amigo

No dejes que canten canciones tristes para mí

O no puedo tener el olor de rosas en mi cabeza

Diablos, no quiero que pienses incluso sobre plantar un árbol

Ahora sé que habrá hierba verde sobre mí

Además, supongamos duchas y debido a eso todo se moja

Otra cosa es que hay muchas cosas sobre mí

Que no puedes evitar recordar

Pero solo entre tú y yo

Yo tan pronto como sobre ellos lo olvidarías

Esto no es mucho pedir y solo quería que no

Pero no dé demasiado por sentado porque

Perdí el perro, aún no estoy muerto

Learn As You Go Along

Cowboys have a life other people aren't even aware of
Many things learned and comes as those years worked
One simple thing is his hat ever wondered why he has
a crowned big brimmed hat?
Being big crowned it holds water for his horse
At a water facet
Keeps sun and wind off with the large rim
Another interesting thing are weeds he surly is
Thankful for is the weed called 'The Cowboys
Toilet Paper" if you ever touched it's leaves you will
know why
There is a similar weed if you, put a leave in your
Shoes in the morning it's like you have a cold shower
And a cup of coffee It's called a "Woolly Lamb's Ear"
This one will stop bleeding in a matter of seconds
Yes there are lots of things only a cowboy learns
Out there on the prairie

Los vaqueros tienen una vida que otras personas ni siquiera conocen

Muchas cosas aprendidas y vienen como esos años trabajados

Una cosa simple es su sombrero alguna vez se preguntó por
qué él tiene un sombrero coronado de ala grande?

Al ser coronado, tiene agua para su caballo

En una faceta de agua Mantiene el sol y el viento con el borde grande

Otra cosa interesante son las malas hierbas que él es desagradable

Agradecido es la hierba llamada 'The Cowboys' Papel higiénico
"si alguna vez tocó sus hojas, lo hará saber porque

Hay una mala hierba similar si, pones una licencia en tu

Zapatos en la mañana es como si tuvieras una ducha fría

Y una taza de café Se llama "oreja de cordero de lana"

Este dejará de sangrar en cuestión de segundos

Sí, hay muchas cosas que solo un vaquero aprende

Ahí afuera en la pradera

Tool Box

My tool box will be different from what you think
I'm one of those that doesn't use the kitchen sink
My tool box sets by me here at the computer
I like to think of it as kind of a trouble shooter
Now there isn't much in that little box
there is a dictionary paper pencils and eraser
After writing down a poem then to the
Computer it goes
Then where it goes well who knows
I am thinking of adding a hammer to
Hit bad habits when writing in the head

Mi caja de herramientas será diferente de lo que piensas

Soy uno de esos que no usa el fregadero de la cocina

Mi caja de herramientas se establece por mí aquí en la computadora

Me gusta pensar que es una especie de tirador de problemas

Ahora no hay mucho en esa pequeña caja hay un
diccionario de lápices de papel y borrador

Después de escribir un poema, luego a la Computadora va

Entonces, donde va bien, quién sabe

Estoy pensando en agregar un martillo a

Acierta los malos hábitos al escribir en la cabeza

Gulls

Fearless gliders as they circle in a loop
Snatching food watch them scoop
Greedy rascals with their soulless cry
Unloved by other birds as they watch
them recklessly fly
Fisherman chase them they make
such a mess
It's a challenge to the Gull's because
they won't take anything less

Los planeadores sin miedo a medida que circulan en un bucle

Arrebatando comida, míralos

Codiciosos bribones con su llanto sin alma

No amado por otras aves mientras miran ellos imprudentemente vuelan

Pescador perseguirlos hacen un desastre

Es un desafío para la gaviota porque no tomarán nada menos

Where Do You Start

In writing where do you start?
Take an idea and pull it apart
That idea is good but don't overdue
You may think its fine because it's new
Mold it like your making bread
Because make them hungry
They want to be fed
With a little humor a bit of spice
You'd be surprised they'd think
It's nice
When it comes to an end they'll
Surely remember
What else can they do except surrender

Al escribir, ¿dónde empiezas?

Toma una idea y sepárala

Esa idea es buena pero no se ha vencido

Puede pensar que está bien porque es nuevo

Moldéalo como si estuvieras haciendo pan

Porque les da hambre

Quieren ser alimentados

Con un poco de humor un poco de especias

Te sorprendería que pensaran

Es agradable

Cuando llegue a su fin, ellos

Sin duda recordar

¿Qué más pueden hacer, excepto rendirse?

That Darn Cat

They say a cat has nine lives
Think this is my cat's first life
And is he ever enjoying it
He struts around and thinks he
Owns the place
But you have to watch you don't
talk bad about him
The other day I was telling
a friend about bad things he does
Well he was listening and
Darn if he didn't pout for three days

Dicen que un gato tiene nueve vidas

Creo que esta es la primera vida de mi gato

Y lo está disfrutando alguna vez

Él se pavonea y piensa que

Posee el lugar

Pero tienes que verte no hacerlo

habla mal de el

El otro día estaba diciendo

un amigo sobre cosas malas que hace

Bueno, él estaba escuchando y

Maldito si no frunció el ceño durante tres días

Lost It

When love sneaks up and grabs you
Quite frankly don't ask me what to do
Your feelings are something else
Because they are what you have never felt
Going around in a daze will now be normal
Forget Aspirin it won't help one bit
Now I have found drinking so I get half lit
The woman understands and pates you on the butt
So now take her out to dinner over to Bugger hut

Cuando el amor se cuela y te agarra

Francamente, no me pregunten qué hacer

Tus sentimientos son otra cosa

Porque son lo que nunca has sentido

Dar vueltas en un estado de aturdimiento ahora será normal

Olvídate de la aspirina no ayudará un poco

Ahora he encontrado beber así que me medio iluminado

La mujer te entiende y te patea el trasero

Así que ahora llévala a cenar a la cabaña Bugger

It Can Be Done?

When you make a comment you are not sure about
They love to tell you "it can't be done"
First thing is of course maybe I can just prove to everyone
Darn now will have to give it lots of thoughts and
You study and plan
Might even get a few items to put together to check
Well that doesn't work so you try something else
you go to the library and then ask all around
With much disappointment and putting in a lot o time
you give up It can't be done

Cuando haces un comentario, no estás seguro

Les encanta decirte "no se puede hacer"

Lo primero es, por supuesto, que tal vez puedo demostrarlo a todos

Darn ahora tendrá que darle muchos pensamientos y

Usted estudia y planifica Incluso podría obtener algunos
elementos para armarlos para verificar

Bueno, eso no funciona,

entonces intentas algo más vas a la biblioteca y luego preguntas por todos lados

Con mucha decepción y mucho tiempo te rindes No se puede hacer

Hidden Pleasure

Poems are like flowers each creates a mood
Where there was a miniature void each
Fills it like gathering deletes' foods
Both has a simple purpose whether its
Seeing beauty or listing to sound
In this book we trust you find pleasure
Because it may fill a big measure

Los poemas son como flores, cada uno crea un estado de ánimo

Donde había un vacío en miniatura cada uno

Lo llena como la recolección de alimentos eliminados

Ambos tienen un propósito simple ya sea

Ver la belleza o la lista de sonido

En este libro confiamos en que encuentres placer

Porque puede llenar una gran medida

Funny

Went to a party and swore they pulled in a bunch of clowns
Never laughed so hard from start to finish in my life
Have no idea who they were and the funny part is they
Didn't even look the part they put forth but they sure did
Now I just had a few drinks and suppose you are saying
that helped but it didn't even though it may have helped
All I can say is that's the best party I've ever been to
Bar none

Fuimos a una fiesta y juramos que reunieron a un grupo de payasos

Nunca me reí tanto de principio a fin en mi vida

No tengo idea de quiénes fueron y lo divertido es que

Ni siquiera se veían la parte que presentaron, pero seguro que sí

Ahora solo tomé unas copas y supongo que estás diciendo eso
ayudó, pero no a pesar de que puede haber ayudado

Todo lo que puedo decir es que es la mejor fiesta en la que he estado

Sin excepción

Fast Life

One second goes so smile
Now the next bunch will last
One minute you have to laugh
One hour have lots of fun
One hour we shoot the moon
One whole day love that tune
One week won't stop to sleep
These darn memories will keep
One month it must be worth
One year things down on the ground
Ten years the gang is still around
Thirty years went fast you found
Sixty years white hair and wrinkles
Don't know why but now have to
Just drag my behind
Damn life sure flew by

Un segundo va así que sonría

Ahora el próximo grupo durará

Un minuto tienes que reírte

Una hora tiene mucha diversión

Una hora disparamos a la luna

Un día entero ama esa melodía

Una semana no se detendrá para dormir

Estos malditos recuerdos mantendrán

Un mes debe valer la pena

Un año cosas en el suelo

Diez años la pandilla todavía está alrededor

Treinta años fue rápido que encontraste

Sesenta años de pelo blanco y arrugas

No sé por qué, pero ahora tenemos que

Solo arrastra mi trasero

Maldita sea, la vida pasó volando

Scratch

When they die what is there to do
Your whole life has left so you have to scratch
Problems pile up don't know where to turn
Never had as many sure is a big bunch
Hope things iron out because there are
things I've never done
Because I took things for granted then
Those things come to a sudden end
You grab at life but nothing seems to be there
Believe me that's when you scratch

Cuando mueren, lo que hay que hacer

Toda tu vida se ha ido, entonces tienes que rascar Los
problemas se acumulan y no saben a dónde ir

Nunca tuve tantos seguros es un gran grupo

Espero que las cosas salgan bien porque hay cosas que nunca he hecho

Porque tomé las cosas por sentado, entonces

Esas cosas llegan a un final repentino

Agarras la vida pero nada parece estar allí

Créeme, es entonces cuando te rascas

Then The Desert Sleeps

Your eyes feast the vast expanse reaching up to the sky
Off several miles buzzards circle above something dead
in a group as they fly
Must be some critter buzzards are good at keeping
The desert clean
Aside from that not a thing is moving so making a kind of
a softness scene
Time is just ending showing the sun wanting to end
the hot day
Colors of a sunset settle on all things in a picturesque way
Flowers of the cactus start to fold up for the night
But everything had helped the other fight the heat as we
Then will see a sleeping desert

Tus ojos se deleitan con la vasta extensión que llega hasta el cielo

Fuera de varias millas, zopilotes circulan sobre algo muerto

en un grupo mientras vuelan

Debe ser algunos ratters ratter son buenos para mantener

El desierto limpio

Aparte de eso, nada se está moviendo, por lo que hace una especie de

una escena de suavidad

El tiempo acaba para mostrar al sol que quiere terminar

el día caluroso

Los colores de una puesta de sol se asientan en todas
las cosas de una manera pintoresca

Las flores de los cactus comienzan a doblarse por la noche

Pero todo había ayudado al otro a luchar contra el calor mientras

Entonces verá un desierto dormido

****

Thoughts that created this book were created by Angela Rose
We wish to thank her for her hard work in putting this book
together for a Beautiful success
The Author

Los pensamientos que crearon este libro fueron creados por Angela Rose
Queremos agradecerle por su arduo trabajo al poner
este libro juntos para un gran éxito
El autor

****

Printed in the United States
By Bookmasters